Achim Göres

GUITAR **FITNESS** Grifftabelle

Der optimale Zugriff auf alle wichtigen Gitarrenakkorde

Alle relevanten Griffbilder für Gitarre sofort im Blick

Impressum

Verlag, Herausgeber und Autor machen darauf aufmerksam, dass die im vorliegenden Werk genannten Namen, Marken und Produktbezeichnungen in der Regel namens- und markenrechtlichem Schutz unterliegen. Trotz größter Sorgfalt bei der Veröffentlichung können Fehler im Text nicht ausgeschlossen werden. Verlag, Herausgeber und Autor übernehmen deshalb für fehlerhafte Angaben und deren Folgen keine Haftung. Sie sind dennoch dankbar für Verbesserungsvorschläge und Korrekturen.

© 2015

PPVMEDIEN GmbH, Postfach 57, 85230 Bergkirchen (www.ppvmedien.de)

ISBN 978-3-95512-019-1

Druck: Druckerei Kessler Druck + Medien, Bobingen

Inhaltsverzeichnis

Einleitung

Diese *Guitar Fitness Grifftabelle* ist eine praktische Ergänzung zu den Heften der Reihe *Guitar Fitness*. Du kannst sie dank seinen praktischen Formats bei jeder Session dabei haben. Sie zeigt dir schnell und direkt die richtigen Begleitakkorde. Dieses Akkordbüchlein hat nicht den Anspruch, alle irgendwie möglichen Gitarrengriffe darzustellen. Vielmehr findest du hier nur die Akkorde, die Gitarristen *wirklich brauchen,* um in jedem Musikstil gut über die Runden zu kommen.

Eine Grifftabelle ist natürlich zunächst ein Nachschlagewerk, um Gitarrengriffe zu finden, die man gerade nicht auswendig parat hat. Darüber hinaus soll dieses Akkordbüchlein auch zum *Lernen* anregen, auch wenn man gerade keinen aktuellen Anlass zum Nachschlagen eines bestimmten Akkordes hat. Daher folgt hier eine kurze Einführung in die Welt der Akkorde. Zu Beginn der jeweiligen Kapitel findest dur weiterführende Informationen zu den unterschiedlichen Akkord- und Grifftypen.

Akkorde sind Mehrklänge. Die kleinste Einheit sind die *Dreiklänge* und davon gibt es vier Grundkategorien: *Dur – Moll – Vermindert – Übermäßig.* Auch wenn du auf der Gitarre bei einem E-Dur Akkord sechs Saiten spielst, handelt es sich nur um einen Dreiklang, da manche Töne mehrfach vorkommen.

Kommt ein weiterer Akkordton hinzu spricht man von *Vierklängen*. Das kann die große oder kleine Septim, die Sexte oder die None sein, zum Beispiel: *Cj7, C7, C6, Csus9.* (Das „sus" ist hier notwendig, um die Verwechslung mit *C9 = C7/9* zu vermeiden, das wäre nämlich dann ein *Fünfklang*, wie etwa *C7/9, Cj7/9* oder *C7/6.)* Außerdem kann die Akkordterz durch eine Quarte ersetzt werden, das wird dann: *Csus4* oder *C7/4.* Das Gleiche geht natürlich auch mit Moll sowie verminderten und übermäßigen Akkorden.

Wer einfach nur Lieder begleiten will, kommt auf der Gitarre mit den Basisgriffen aus. Du findest sie im ersten Kapitel: *Lagerfeuergriffe.* Barrégriffe kommen hier noch nicht wirklich vor (höchstens ein paar kleine Barrés, die schwereren folgen später), d.h. diese Akkorde können auch von Anfängern und Gelegenheitsgitarristen gut erlernt und gespielt werden.

Wenn du es nicht nur mit den typischen, gitarrenfreundlichen Tonarten zu tun hast, wirst du nicht ohne die große, weite Welt der *Barrégriffe* auskommen. Diese findest du im gleichnamigen zweiten Kapitel. Hier werden die Basisgriffe quer über das Griffbrett verschoben, und wenn du zählen kannst, stehen dir alle Tonarten zur Verfügung.

Wenn du Jazz oder Blues spielen willst (aber auch andere Pop- und Rock-Stile), benötigst du besondere vierstimmige Akkorde, die durch ihre Erweiterungen den typischen Sound dieser Stile wiedergeben. Im Kapitel *Four String Chords* findest du alles, was du in dieser Hinsicht brauchst.

Das beiliegende Poster beinhaltet alle wichtigen Akkorde aus der Kategorie *Lagerfeuergriffe*. Gerade für Anfänger ist es wichtig, sich beim Lernen von Stücken ohne großes Umblättern orientieren zu können.

Wie gesagt: Es gibt ungezählte Möglichkeiten, Akkorde auf der Gitarre zu spielen, und man könnte dickere Bücher mit Griffen füllen. Aber mit der *Guitar Fitness Grifftabelle* bekommst du genau die Auswahl, die sich in der Praxis bewährt hat und mit der du dir alle Stücke erschließen kannst. Weniger ist in diesem Fall einfach mehr!

Viel Spaß beim Lesen und Trainieren,

Achim Göres

1. Lagerfeuerakkorde

Hier findest du die Basisgriffe der Gitarre

Das sind alle Akkorde, die mit leeren Saiten greifbar sind. Außerdem sind ein paar klitzekleine Barrégriffe dabei. (Die schwierigeren kommen aber erst im zweiten Kapitel.) Ich habe die Akkorde in der Reihenfolge der C-Dur Tonleiter angeordnet:
C-D-E-F-G-A-H

Innerhalb dieser Reihenfolge findest du die Griffe in folgender Anordnung:
Dur – Major 7 – Dominant 7 – Dur 6 - Sus 9 - Sus 4 - 7/4
Moll - Moll 7 - Moll 6 - Moll sus 9

Nicht alle Akkorde sind auf diese Weise mit leeren Saiten möglich, so fällt zum Beispiel schon bei C die gesamte Moll-Sektion unter den Tisch, aber bei den Barrégriffen und Four String Chords ist dann alles möglich. Das Gleiche gilt auch für die exotischeren Griffe wie Verminderte, Übermäßige, die meisten Fünfklänge und alle chromatischen Zwischenstufen.

Akkorde über C

C

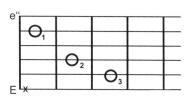

Cj7

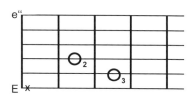

C7

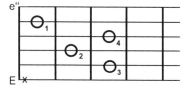

C6

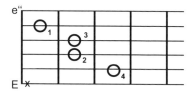

Csus9

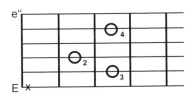

Csus9

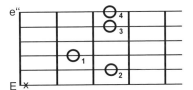

Csus4

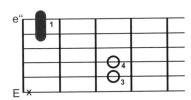

C7/4 = C11

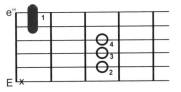

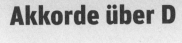

Akkorde über D

D

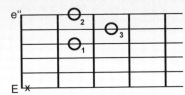

Dj7

D7

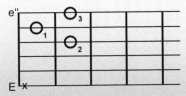

D6

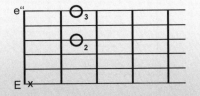

... noch mehr D-Akkorde

Dsus9

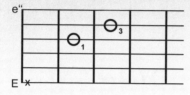

Dsus4

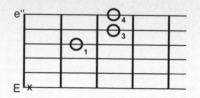

D7/4 = D11

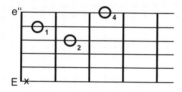

Dm

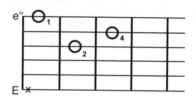

Dm7

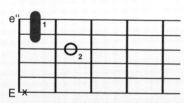

Dm6

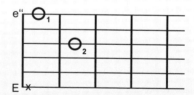

Dm sus9

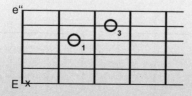

Akkorde über E

E

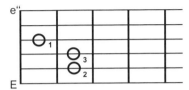

Ej7

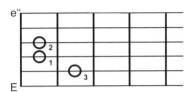

E7

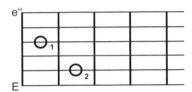

E7

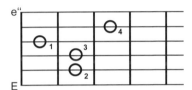

E6

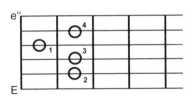

Esus9

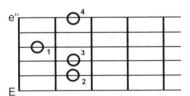

Esus9

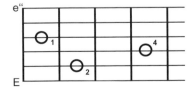

Esus4

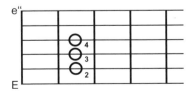

... noch mehr E-Akkorde

Em sus7/4

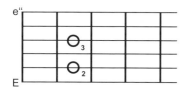

Em

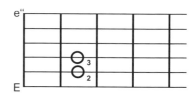

Em7

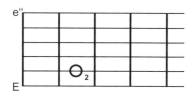

Em7

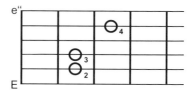

Em6

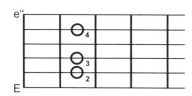

Em sus9

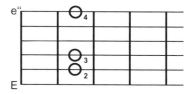

Em sus9

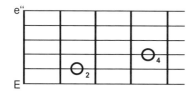

Akkorde über F

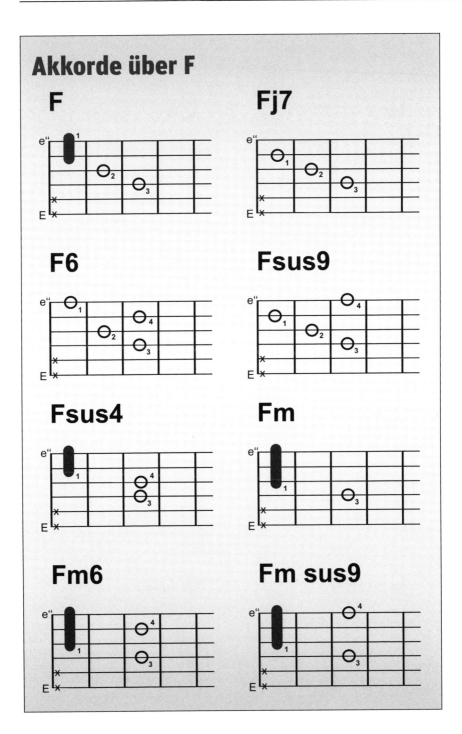

F

Fj7

F6

Fsus9

Fsus4

Fm

Fm6

Fm sus9

Akkorde über G

G

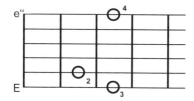

G

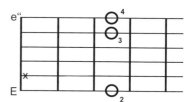

Gj7

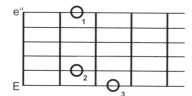

G7

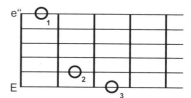

G6

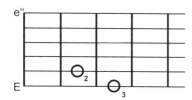

Gsus9

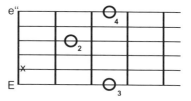

Gsus4

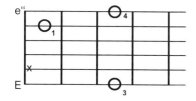

G7/4

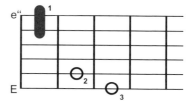

Gm

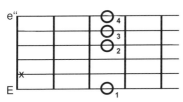

Gm7

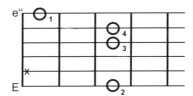

Gm6

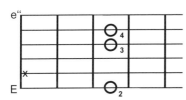

Gm sus9

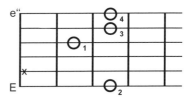

Akkorde über A

A

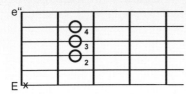

Aj7

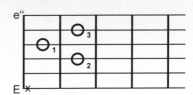

A7

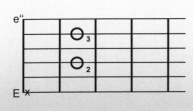

A7

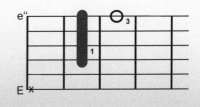

... noch mehr A-Akkorde

A6

Asus9

Asus4

A7/4 = A11

Am

Am7

Am6

Am sus9

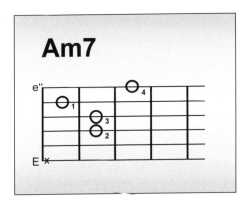

Akkorde über H

H7

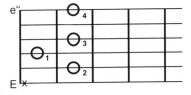

Hm7

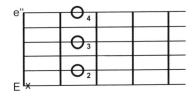

2. Barrégriffe

Hier wird's chromatisch!

Das eingedeutschte Wort *Barré* kommt ursprünglich aus dem Französischen und bedeutet in diesem Zusammenhang *Quer*, man könnte also auch Quergriff sagen, klingt bloß nicht so toll. Wie der Name sagt, liegt dein Zeigefinger quer auf meist allen Saiten und greift dadurch mehrere Töne gleichzeitig.

Diese Griffform brauchen wir, um die Akkorde auf chromatisch veränderten Grundtönen greifen zu können, wie zum Beispiel *C#*, *D#*, aber auch *Bb, Eb* usw. Auch alle F-Griffe gehören streng genommen schon dazu, da auch hier fast keine leeren Saiten mehr möglich sind.

Damit in diesem Buch nicht die zehnfache Menge an Griffen aufgeschrieben sein muss, wird es nun ein wenig *interaktiv*!

Du siehst unten das Schema eines Gitarrenhalses mit 12 Bünden und den jeweiligen Tönen auf der tiefen E-Saite. Wenn du nun deinen Zeigefinger auf einen Bund deiner Gitarre quer legst hast du damit den Grundton der folgenden Akkorde festgelegt. Das ist zum Beispiel am ersten Bund alles, was mit *F* zu tun hat, am zweiten Bund kommt die *F#/Gb*-Abteilung, am Dritten Alles mit *G*, dann *G#/Ab* usw. Ein Beispiel:

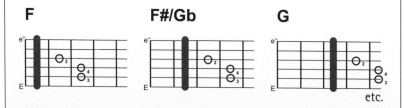

etc.

Auf diese Weise musst du dich nicht mit einer endlosen Aneinanderreihung von immer wieder gleichen Griffbildern auf verschiedenen Bünden herumschlagen – du suchst dir einfach den entsprechenden Grundton und los geht's. Ganz nebenbei lernst du so auch dein Griffbrett ganz neu kennen.

Wir Unterscheiden im Folgenden:

1. Barregriffe mit Grundton auf der tiefen E-Saite,
2. Barregriffe mit Grundton auf der A-Saite.

1. Grundton E-Saite

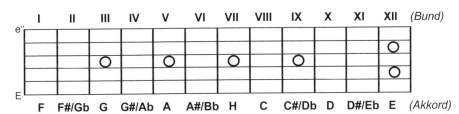

F

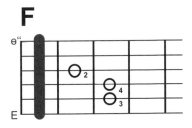

Fj7

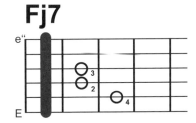

F7

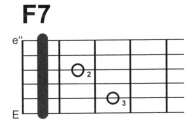

F6

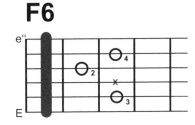

F7/6 = F13

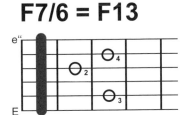

Fsus9

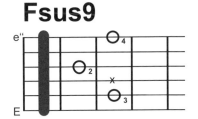

F7/9

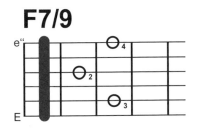

Fsus4

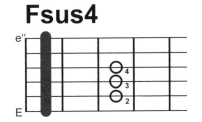

F7/4 = F11

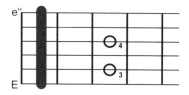

Fm

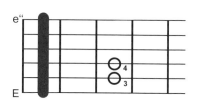

Fmj7

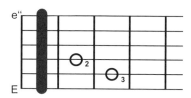

Fm7

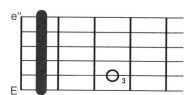

Fm6

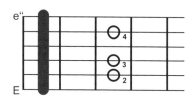

Fm13

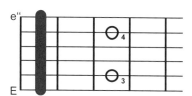

Fm sus9

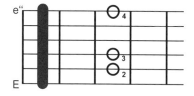

Fm 7/9

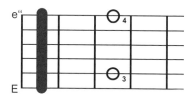

2. Grundton A-Saite

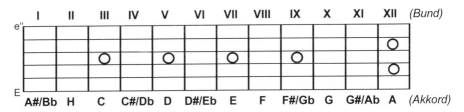

Bb

Bbj7

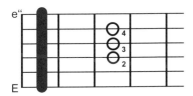

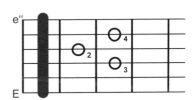

Bb7

Bb7/6 = Bb13

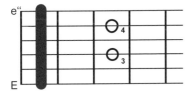

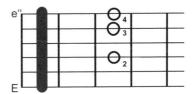

Bbsus9

Bb7/9

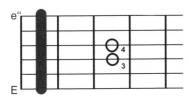

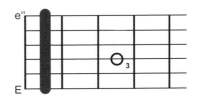

Bbsus4

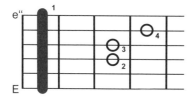

Bb7/4 = Bb11

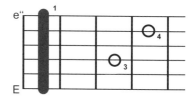

Bbm

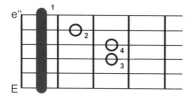

Bbmj7

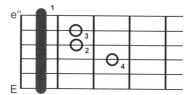

Bbm7

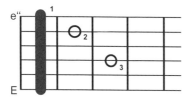

Bbm6

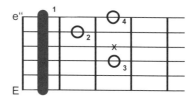

Bbm13

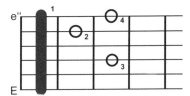

Bbmsus9

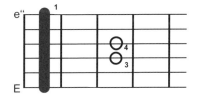

Bbm7/9

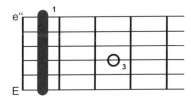

3. Four String Chords

Coole Chords für Jazz und Blues

Mit den Barrégriffen kommst du zwar um alle Akkordrunden, aber den coolen Blues- oder Jazzsound kriegst du nur mit den viersaitigen *Four String Chords* so richtig hin! Diese Griffform verzichtet bewusst auf die Vervielfachung von Akkordtönen, wie es bei den meisten Barrégriffen der Fall ist, und beschränkt sich auf die kleinste Anzahl von Tönen, die für den jeweiligen Akkord nötig ist. Meistens reichen Vierklänge, um einen Akkord mit Erweiterungen (Septime, None etc.) abzubilden. Im Zweifel lässt man die nicht so wichtige Quinte weg. Die überzähligen Saiten werden durch die Greiffinger abgestoppt. Die Lage wird – wenn nötig – mit römischen Ziffern angegeben.

Auch hier wende wie bei den Barrégriffen das Prinzip des Verschiebens an. Die Grundtöne liegen hauptsächlich auf der tiefen E-und A-Saite. Der Vollständigkeit halber kommt aber auch die D-Saite als Basis in Frage. Ich persönlich verwende diese höheren Voicings gerne in Bands mit größerer Besetzung, um eine bessere Transparenz zusammen mit Bass, Keyboard oder einer weiteren Gitarre zu erreichen.

Wir unterscheiden im Folgenden also:
1. Four String Chords mit Grundton auf der tiefen E-Saite,
2. Four String Chords mit Grundton auf der A-Saite,
3. Four String Chords mit Grundton auf der D-Saite.

Bei den letzteren kommen manche Akkorde in verschiedenen Voicings vor, das lässt sich in vielen Akkordfolgen dann besser kombinieren.

1. Grundton E-Saite

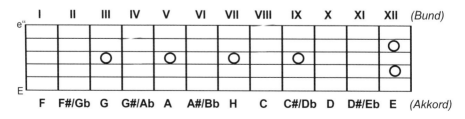

Gj7

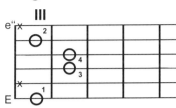

G7

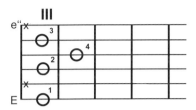

G6

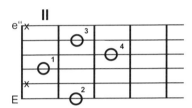

G13

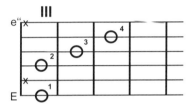

G7/9 = G11

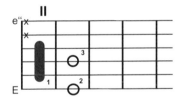

G7/#9

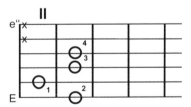

G7/b9

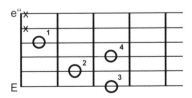

G#5

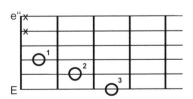

Gm7

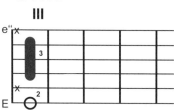

Gmj7

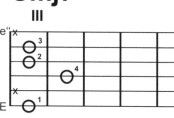

Gm6

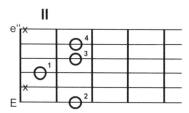

Gm7/b5

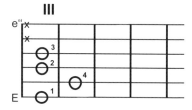

2. Grundton A-Saite

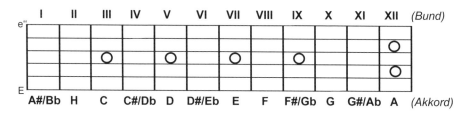

C7

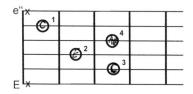

Cj7

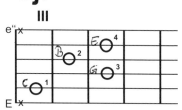

C6

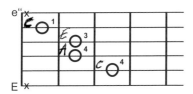

C13

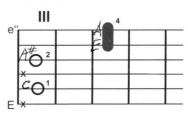

C7/9

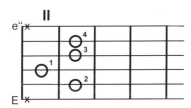

C7#9

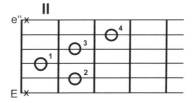

C7b9

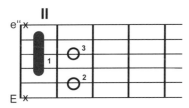

Cj7/9

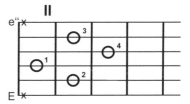

C#5 = C+

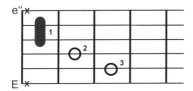

Cm7

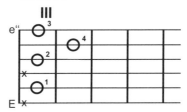

Cmj7

Cm6

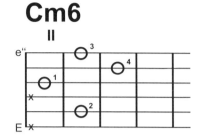

Cm7b5

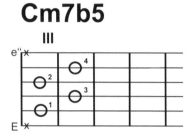

Cm°

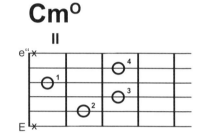

3. Grundton D-Saite

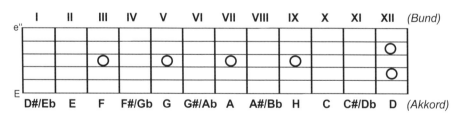

F

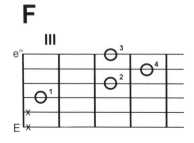

Fj7

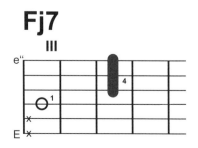

F7

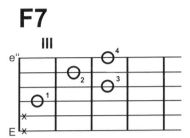

F6

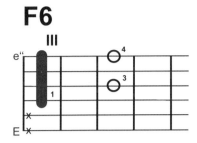

F7/9

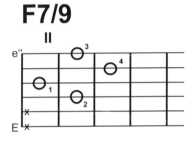

F7#5

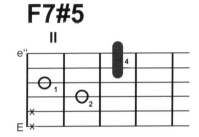

F7b9

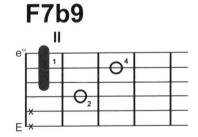

Fj7/9

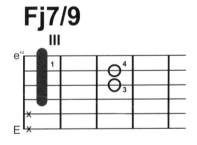

F#5 = F+

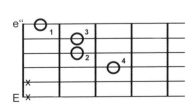

Fm7

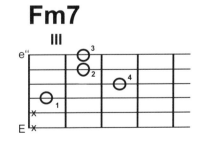

Fmj7

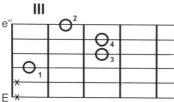

Fm6

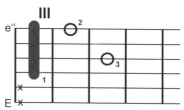

Fm7b5

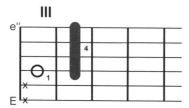

F⁰

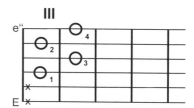

F

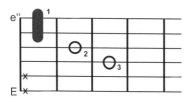

Fj7

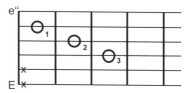

F7

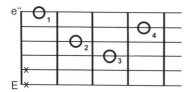

F6

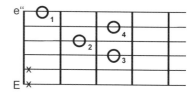

Fm

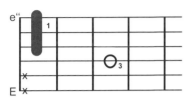

Fmj7

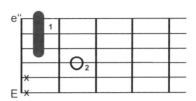

Fm7

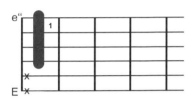

Fm6

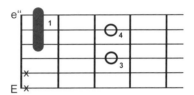

F

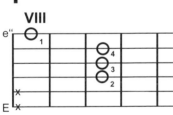

Fj7

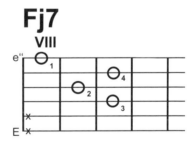

F7

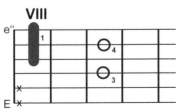

F6

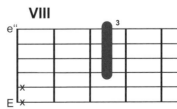

Fm

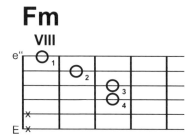

Fmj7

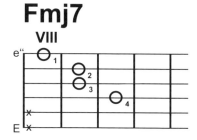

Fm7

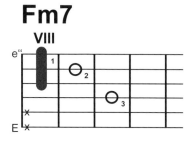

Fm6

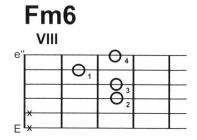